AF260155

JULES DELAFOSSE

LE PROCÈS
DU 4 SEPTEMBRE

Le Crime de l'Opposition
Qui a voulu la Guerre?
Sedan!
Le Bilan du 4 Septembre
La Justice de l'Assemblée
Pièces justificatives

PARIS

E. LACHAUD ET Cte, ÉDITEURS

4, PLACE DU THÉATRE-FRANÇAIS, 4

LE
PROCÈS DU 4 SEPTEMBRE

I

Le Crime de l'Opposition.

Il se produit en ce moment, dans le parti républicain, un énergique et général effort de dialectique et d'histoire en vue de décharger la République de toute responsabilité dans les événements qui ont précédé et suivi le 4 Septembre. Il semble que la lettre récente de M. de Valon, avec l'écrasante révélation qu'elle contient, ait eu pour effet de le faire brusquement sortir de cette quiétude où quatre années de tolérance ou d'oubli l'avaient fait entrer. Ce débat, est-il besoin de le dire ? que la presse républicaine traite et conduit à sa façon, n'est rien moins que probant ; mais il est utile. Nous y voyons un défi auquel la presse conservatrice ne peut se dispenser de répondre, et jamais le moment ne fut plus opportun. On ne saurait mieux employer les vacances qu'à l'instruction de ce formidable procès qui est resté jusqu'ici sans solution, et, précisément parce qu'il est sans solution, nous a valu les déboires, les désertions et les chutes successives dont la cause conservatrice est victime. Puisque l'Assemblée nationale, dont les passions politiques sont plus impérieuses, ou, tout au moins plus pressées que la justice, refuse de sanctionner, même par un débat public, les rapports de la commission d'enquête, c'est aux conservateurs qu'il appartient de suppléer à son abstention. Il est de leur devoir d'apprendre au pays ce que fut, en réalité, la révolution du 4 Septembre, et quels événements embrassent les responsabilités qui en découlent, de placer sous ses yeux toutes les pièces du procès, afin qu'il prononce en toute liberté et connaissance de cause.

Il va de soi que le parti républicain rejette sur l'empire toute la responsabilité des événements, sans en rien garder pour lui. C'est sa thèse : nous l'accueillons avec autant de conviction qu'il y met de sincérité. Et de même, lorsque nous voyons les journaux de gauche ouvrir libéralement leurs colonnes aux récriminations de leurs lecteurs, et prendre le cri de douleur des foules ignorantes ou trompées pour grossir la voix de leur propre défense ; lorsque nous entendons un Alsacien, par exemple, rappeler le gouvernement insensible ou la France oublieuse à l'exécration de l'empire, nous nous inclinons avec une religieuse émotion devant ce patriotisme ulcéré, dont la blessure saigne incessamment. Le désastre est trop grand, en effet, pour qu'il soit possible de trop maudire, et nous adhérons sincèrement à ces exécrations.

Mais cette histoire a son revers. Il est bien entendu que ces justes malédictions ne s'adressent à l'empire que parce que l'empire est l'auteur présumé de tous nos maux. S'il était établi, par contre, que l'empire a la moindre part dans la défaite, et aucune part dans les désastres qui ont suivi le 4 Septembre ; s'il était démontré que le parti républicain avait tout fait pour désarmer l'empire avant la guerre, et tout fait pour rendre la guerre malheureuse quand elle fut devenue inévitable ; s'il était prouvé qu'après avoir rendu la victoire impossible, il a rendu la paix désastreuse, qu'aux conditions relativement modérées qui nous étaient offertes au premier moment, il a substitué, par son obstination, les conditions épouvantables que nous avons subies ; que, en un mot, le retrait de con-cours promis par les gouvernements étrangers, le re-fus de la paix, l'extension de l'invasion, la continua-tion de la guerre, ses péripéties et sa fin, la rançon de cinq milliards et la perte de l'Alsace-Lorraine sont la conséquence immédiate, exclusive, indéclinable de la révolution du 4 Septembre, nous nous plaisons à croire que les journaux de gauche et leurs hôtes détour-neraient sur la République au moins une part des malédictions qu'ils ont jusqu'à ce jour égarées sur l'empire. La justice n'a point de favoris.

Eh bien! c'est ce procès que nous allons essayer d'instruire. Nous le ferons sans passion, et surtout sans injure, car l'injure ne profite qu'à ceux qui la subissent. Nous le ferons avec l'impartiale sévérité que pourrait y mettre un magistrat, et sans produire une seule assertion qui ne soit accompagnée de sa preuve.

La guerre de 1870 remonte à Sadowa, et à ce titre, l'empire doit en porter la première faute (1). L'unité allemande, qu'il avait favorisée, impliquait à court terme un conflit fatal avec la France, et cela, pour deux causes que le gouvernement impérial aurait dû prévoir : d'abord, parce que le sentiment national ne devait jamais s'accommoder, sans combat, de cette puissance rivale subitement créée à ses côtés ; ensuite, parce que le principe des nationalités, sur lequel reposait l'unité allemande, entamait, par l'Alsace, l'intégrité de la France même. Qu'il nous soit permis de rappeler cependant que, dans le laisser-faire qu'il pratiqua devant l'unification de l'Allemagne, l'empire eut pour alliés, conseillers ou complices, tous les représentants du parti démocratique, chefs aujourd'hui du parti républicain. Tandis que l'instinct national, représenté par toutes les nuances du parti

____

(1) Voir aux pièces justificatives, I.

conservateur, faisait des vœux pour l'Autriche, l'opposition révolutionnaire prenait hautement parti pour la Prusse. C'est que, pour son malheur et pour le nôtre, l'esprit de l'empereur avait été touché par quelques-unes des conceptions de la démocratie cosmopolite. Le morcellement, des États lui semblait une entrave aux relations internationales, et il pensait y remédier par le système des grandes améliorations qui supprimaient les douanes intérieures, et tendaient à la suppression progressive des frontières. Il rêvait la paix universelle et définitive, et il s'attacha au principe des nationalités, avec la pensée que les luttes de peuple à peuple deviendraient impossibles, le jour où les hommes de même race se trouveraient réunis sous une même loi. Il préconisait et servait, en un mot, ce système de politique, plus humanitaire que nationale, que M. Émile de Girardin nous prêchait encore l'autre jour, et qu'il appelle la liberté de circulation.

C'est là, sans doute, que va la civilisation moderne, et peut-être, sur ce point, Napoléon III n'a-t-il eu tort que parce qu'il est venu trop tôt. Mais si l'Europe de l'avenir doit s'arranger suivant les formes qu'il avait rêvées, cet avenir, nous le confessons hardiment, n'a rien qui nous sourie. La politique humanitaire est exclusive de l'idée de patrie, destructrice des vertus héroïques, chevaleresques ou farouches qui lui font cortége. Un Français de tradition, comme nous le sommes, Dieu merci, presque tous, dédaigneux, par suite, de la fortune des autres, ne conçoit le patriotisme que comme une passion strictement limitée par les frontières, étroite, égoïste et jalouse, faite d'antagonisme plutôt que de fraternité. C'est pourquoi, dût l'avenir rendre plus de justice que le présent à Napoléon III, on ne peut nier que, dans le sentiment actuel du pays, la politique qui a laissé s'accomplir l'unité allemande n'ait été une faute contre la nationalité française.

Tel apparut alors le sentiment unanime de la France. Si intense et si prompt fut le soulèvement de la conscience nationale que le gouvernement n'essaya même pas d'y résister : il accepta immédiatement la tâche que lui imposait la blessure faite à notre orgueil, et, ne pouvant effacer la faute commise, il avisa, du moins, aux moyens d'en prévenir les conséquences. Dès le lendemain de Sadowa, une commission était chargée d'élaborer une réorganisation complète de notre système militaire, et le 12 décembre 1866, le *Moniteur* publiait le projet de la commission, lequel devait donner à la France « une armée de 1,200,000 soldats exercés et n'augmentait que faiblement les charges du budget ». A ce moment, le gouvernement de l'empire avait fait son devoir, et c'est là que commence le crime de l'opposition républicaine.

Elle ameuta l'opinion contre cette réforme militaire dont le maréchal Niel était l'âme, et fit si bien que le projet de la commission fut quatre fois modifié, toujours au détriment de la force militaire qu'il organisait; elle fit diminuer successivement le nombre des hommes appelés sous les drapeaux, la durée du service, les allocations budgétaires destinées à l'entretien des contingents, obligea le ministre à multiplier les congés, faute d'argent pour entretenir l'effectif normal des régiments, réduisit en un mot, l'armée au chiffre où nous l'avons vue au moment où s'engagea la guerre. Et cette lutte qui commence contre le projet de 1866 s'est renouvelée régulièrement chaque année dans la discussion du budget.

On objectera certainement que les vingt-cinq où trente membres de l'opposition ne faisaient pas loi dans le Corps législatif. C'est vrai, bien que leur petit nombre ne puisse, en aucun cas, atténuer l'énormité de leur action; mais il n'est pas moins vrai que l'opposition menait alors l'opinion, et c'est contre les résistances qu'elle avait provoquées, au dedans et au dehors de la Chambre, que se brisa le magnifique effort du maréchal Niel. Nous avons cité, il y a quelques semaines, les discours où M. Jules Simon repoussait la loi parce qu'elle constituait une aggravation de la toute-puissance de l'empereur; où M. Picard demandait qu'on substituât la garde nationale à l'armée régulière; où M. Pelletan appelait le militarisme une plaie; où M. de Janzé demandait qu'on revînt aux contingents de 60,000 hommes; où M. Bethmont voulait qu'on maintînt la garde mobile dans ses foyers, ou du moins qu'elle n'en fût pas éloignée pendant plus de vingt-quatre heures; où M. Garnier-Pagès appelait le budget de la guerre un chancre, et se contentait de la levée en masse en cas de guerre; où M. Jules Favre protestait au nom de sa conscience révoltée quand il entendait dire qu'il fallait que la France fût armée contre ses voisins; où M. Thiers, enfin, traitait de fantasmagorie le chiffre des forces allemandes que lui opposait M. Rouher. Ces discours, nous les placerons incessamment sous les yeux de nos lecteurs, car ils constituent le plus effroyable attentat que jamais parti politique ait osé contre la patrie française (1).

Cette opposition n'eût été qu'une faute, si le parti républicain eût plaidé la cause du désarmement dans le seul but d'empêcher la guerre. Son crime est précisément d'avoir poussé à la guerre, en même temps qu'il rendait la défense impossible. Il mettait une aigreur perfide à dénoncer l'unité allemande comme une atteinte à l'honneur français, à présenter Sadowa comme une défaite nationale, à convaincre la France qu'elle était vaincue sans avoir combattu, humiliée, bafouée, méprisée, le but des quolibets prussiens et la risée du monde. Il irritait ainsi l'humeur déjà aigrie de notre pays et poussait ses désirs de revanche jusqu'à l'exaspération. Quinze jours avant l'incident Hohenzollern, M. Jules Ferry ne trouvait pas de plus cruelle

____

(1) Voir aux pièces justificatives, II.

injure à jeter à la face de ses adversaires que cette appellation de « majorité de Sadowa », et il s'indignait superbement de ce que la France eût permis à l'Allemagne de percer le Saint-Gothard !

Cela dura quatre ans ainsi, quatre ans de provocations et d'affaiblissement systématiques. Quelle conscience, en voyant les efforts faits de part et d'autre, par le gouvernement et par l'opposition, quelle conscience oserait affirmer que l'empire seul doit porter la responsabilité de la guerre et de ses malheurs. On le désarmait avant de combattre, et on l'obligeait à combattre après l'avoir désarmé. Lorsque éclata cette question du trône d'Espagne, la France, exaspérée par les provocations de l'opposition, se précipita dans la guerre avec une sorte de folie furieuse, et l'empire ne fit que l'y suivre.

II

Qui a voulu la guerre?

Après les écrasants témoignages que nous avons produits, il ne peut rester aucun doute sur l'action doublement funeste qu'exerça l'opposition, pendant cette période de quatre années qui représentent, en quelque sorte, la gestation de la guerre. Il y eut ligue pour affaiblir la puissance militaire dont l'empire eût pu disposer, et pour irriter en même temps le sentiment national jusqu'à l'explosion. Sur ce dernier point, l'opposition révolutionnaire était merveilleusement secondée, il faut bien le reconnaître, par l'opinion de tous les partis, sans distinction de drapeau. C'est partout, d'un bout de la France à l'autre, dans toutes les classes de la société et à tous ses degrés, qu'on secouait avec une sorte de frénésie le joug que l'Allemagne semblait faire peser sur nous, et qu'on appelait la revanche de Sadowa. Quiconque le nie aujourd'hui est oublieux, ou n'est pas sincère. On attendait la guerre comme une fatalité, et le plus grand nombre l'appelait comme une délivrance. Aussi reste-t-on frappé de stupeur aujourd'hui, quand on songe à cette monstrueuse contradiction d'un peuple qui attend une échéance aussi redoutable qu'une guerre avec l'Allemagne, et, plutôt que de s'y préparer avec un emportement prodigue, permet que ses représentants chicanent, mesurent et réduisent d'année en année les moyens que réclamait le gouvernement pour y faire face.

Ceux qui reprochent à l'empire de n'avoir pas mieux préparé la guerre, sans se souvenir assez des refus de subsides qu'on lui avait systématiquement opposés, l'accusent aussi de l'avoir déclarée sans nécessité. Quelques-uns n'y voient qu'une aventure dynastique, et font de cette fatale campagne l'épilogue du plébiscite. Il n'en faudrait pas davantage pour justifier le 4 Septembre. Si cela était, en effet, le renversement de l'empire n'eût été que la juste et tardive revanche de la nation sacrifiée à la couronne. Mais cela n'est pas, et le 4 Septembre restera sans excuse. Le succès du plébiscite était, au contraire, une raison décisive de ne pas engager la guerre, si l'empire en eût été l'arbitre. Dans ce pays de fronde éternelle, après dix-huit années d'un règne mêlé de grands succès et de grandes erreurs, l'empire avait su rallier un nombre de suffrages presque égal à ceux qui l'avaient créé. Jamais le trône n'avait paru plus solide qu'au lendemain de cette épreuve; les partis découragés avaient presque abdiqué; l'opposition elle-même s'était scindée en *gauche fermée* et en *gauche ouverte,* c'est-à-dire ralliée ou prête à se rallier. Il y avait pour l'empire toute sécurité à maintenir la paix, tout à risquer dans la guerre, et, s'il n'avait pu consulter que son intérêt, il s'en fût défendu.

Ce mot de guerre dynastique, que M. Jules Favre a introduit dans la polémique des partis, n'exprime donc qu'une sottise. La guerre ne pouvait être dynastique si elle était contraire au sentiment et à l'intérêt du pays, sans quoi elle eût infailliblement tourné contre la popularité que le gouvernement pouvait en attendre, et, par conséquent, tourné contre la dynastie. En cela, l'empire et le pays avaient une fortune étroitement unie, et rien ne pouvait profiter à l'un qui dût nuire ou déplaire à l'autre. La guerre ne pouvait être favorable à la dynastie qu'autant qu'elle était nationale, et si elle était nationale, on ne peut dire qu'elle était entreprise dans un intérêt dynastique.

La vérité, c'est que cette guerre, du jour où l'incident a surgi, était inévitable, et cela pour deux raisons, dont une seule eût suffi : d'une part, la surexcitation des passions nationales, et, d'autre part, la volonté bien arrêtée de M. de Bismarck d'engager la lutte avec la France. C'est ce qui résulte, avec une indéclinable évidence, des témoignages que nous allons rappeler.

Lorsque la France apprit brusquement qu'un Hohenzollern était appelé au trône d'Espagne, cette nouvelle tomba sur son patriotisme irritable et jaloux, attisé depuis quatre ans par des provocations incessantes, comme une étincelle sur un baril de poudre. Il fit explosion. Il n'est pas étonnant que le gouvernement lui-même ait ressenti quelque chose de cette commotion électrique qui secouait la nation. On a blâmé depuis, et non sans raison, le ton de la réponse de M. de Gramont à l'imprudente interpellation de M. Cochery ; car c'est véritablement de cette interpellation que la guerre est sortie. Elle faisait violemment passer la question du domaine des chancelleries dans l'arène publique, et la livrait à la passion des deux nations rivales, qui ne l'abandonna plus. Mais si M. de Gramont fut coupable de précipitation et de témérité, on ne s'en aperçut pas alors. On l'applaudit, au contraire, de sa crânerie; il avait rencontré l'accent qui répondait à la fièvre des âmes; il fut le héros du jour, et le mot qui courut la France fut que nous avions enfin trouvé un ministre qui parlait en homme.

Peu d'hommes, aujourd'hui, de ceux-là surtout qui se mêlent à nos luttes, ont l'esprit assez libre pour avoir conservé le souvenir exact de ce qu'on sentait alors. Les impressions sont fugitives; elles passent, et se trouvent remplacées par des impressions contraires, qui bannissent même jusqu'à la conscience de les avoir éprouvées. Mais il nous reste, grâce à Dieu, le témoignage des journaux qui réfléchissaient avec autant de variété que de sincérité les impressions du moment, et nous les ont conservées pour toujours. Eh bien, la révolte des journaux est unanime; il n'en est pas un seul qui n'ait hautement protesté contre cette nouvelle entreprise de l'ambition prussienne; pas un qui n'ait sommé, dans le langage propre au parti de chacun, le gouvernement impérial de s'y opposer. Ce serait allonger démesurément cette discussion que de citer ici même ces vivants et parlants témoignages de l'opinion publique. Nous le ferons demain, comme nous l'avons fait pour les discours de l'opposition, et peut-être plus d'un s'étonnera-t-il que tant d'oubli succède à tant de passion (1).

____

(1) Voir aux pièces justificatives, III.

Ce n'est là, du reste, qu'un grief secondaire. Aujourd'hui encore, les hommes de bonne foi s'accordent à reconnaître que le gouvernement impérial ne pouvait laisser se consommer, sans mot dire, l'accession d'un prince allemand au trône d'Espagne. Mais on l'accuse de ne s'être pas contenté de la renonciation du prince Antoine de Hohenzollern, père du prétendant; on l'accuse d'avoir poussé plus loin ses réclamations, c'est-à-dire jusqu'à demander au gouvernement de Berlin des garanties pour l'avenir, garanties que M. de Bismarck devait refuser. L événement a prouvé, en effet, que ces réclamations dépassaient la mesure, puisqu'elles ont tourné contre nous. Il est juste toutefois de reconnaître que le gouvernement se trompait alors avec l'opinion de tout le monde. Tout le monde les réclamait avant lui, et, quand on apprit qu'il avait acquiescé à la renonciation pure et simple, et ne demandait rien de plus, il y eut dans le Corps législatif, dans la presse et dans la rue un véritable *tolle* d'indignation. L'opinion, à ce moment critique, paraissait si bien entraînée vers la guerre, que le déchaînement de la passion populaire fut plus vif contre la renonciation du prince de Hohenzollern que contre la nouvelle de son élection. Nous citons plus loin les journaux; contentons-nous de reproduire ici ce fragment d'une dépêche de lord Lyons à lord Granville :

L'excitation du public et l'irritation de l'armée étaient telles qu'il devenait douteux que le gouvernement pût résister au cri poussé pour la guerre, même s'il était à même d'annoncer un succès diplomatique décidé. On sentait que lorsque l'article prussien paraîtrait dans les journaux du soir, il serait très-difficile d'arrêter la colère de la nation, et l'on pensait généralement que le gouvernement se sentirait obligé d'apaiser l'impatience en déclarant formellement son intention de tirer vengeance de la conduite de la Prusse. (Dépêche n° 60.)

Cette excitation nationale, que l'ambassadeur d'Angleterre déclare irrésistible, ne justifie pas absolument la conduite du gouvernement impérial. Les gouvernements n'ont pas pour mission de marcher à la remorque des passions populaires; leur devoir est de les guider, quand ils le peuvent, et sinon, de les contraindre. Mais il est une autre circonstance, moins connue qui légitimait, dans une certaine mesure, la demande de garanties que le gouvernement se crut obliger de formuler. C'est ce fait que l'année précédente, au mois de mars 1869, le gouvernement de Berlin avait déjà agité la question de placer un prince de la maison de Hohenzollern sur le trône d'Espagne. La France avait été consultée sur cette éventualité, et notre ambassadeur à Berlin avait fait connaître à M. de Bismarck que le gouvernement impérial s'opposerait à la réalisation de ce dessein. Sur cette assurance, M. de Bismarck paraissait avoir rejeté toute idée d'y donner suite et, en son absence, le sous-secrétaire d'Etat chargé de la direction des affaires étrangères, M. de Thile, avait engagé sa *parole d'honneur* qu'on y pensait plus. (Circulaire de M. de Gramont du 21 juillet 1870.) On conçoit qu'en la voyant renaître une année après, le gouvernement français ait eu la pensée de se garantir contre de pareils retours.

Mais nous admettons qu'il dût se contenter de la simple renonciation, eût-il pour cela évité la guerre? Non! La guerre était décidée par M. de Bismarck : c'était pour la Prusse une nécessité. Depuis quatre années, le gouvernement allemand s'était préparé sans relâche à cette lutte si attendue et désirée. En 1870, son organisation militaire était à point; il fallait s'en servir sur l'heure ou déchoir. Les ressources du Trésor allemand ne pouvaient, en effet, longtemps suffire à l'entretien du pied de guerre sur de pareilles bases, et il y avait nécessité de mettre en œuvre, sans plus longtemps attendre, la puissance militaire acquise, ou de la diminuer. On s'en servit. La question du trône d'Espagne ne fut en réalité qu'un prétexte offert aux susceptibilités françaises pour tomber dans le piége tendu, et le grand mérite de M. de Bismarck fut d'amener la France à déclarer la guerre alors, alors qu'il en était lui-même le provocateur. Mais si la France se fût contentée de la renonciation, la guerre ne fût pas moins sortie de l'incident. Nous en avons la preuve évidente dans cette dépêche de lord Loftus, ambassadeur d'Angleterre auprès du gouvernement de Berlin, dépêche d'une importance décisive, et qu'on ne saurait trop recommander aux méditations de tous ceux qui cherchent la vérité.

Le 13 juillet, le jour même où l'on disait à Paris la paix assurée par la renonciation du prince Antoine de Hohenzollern, lord Loftus écrivait au comte Granville :

J'ai eu aujourd'hui une entrevue avec le comte de Bismarck, et je l'ai félicité de l'apparente solution de la crise imminente par la renonciation spontanée du prince de Hohenzollern.

Son Excellence a paru douter quelque peu que cette solution mît fin au différend avec la France... Après ce qui vient de se passer, m'a t-elle dit, nous devons demander quelque assurance, quelque garantie que nous ne serons pas exposés à une attaque soudaine ; il faut que nous sachions que cette difficulté espagnole une fois écartée, il ne reste pas d'autres desseins secrets qui puissent éclater sur nous comme un coup de tonnerre.

Le comte de Bismarck a déclaré ensuite qu'à moins que quelque assurance, quelque garantie ne fût donnée par la France, que la présente solution de la question espagnole était considérée par elle comme un arrangement définitif et satisfaisant, et qu'elle ne mettrait pas en avant d'autres griefs, et *qu'en outre le gouvernement français ne retirât ou n'expliquât d'une manière satisfaisante le menaçant langage tenu par M. le duc de Gramont. Le gouvernement prussien serait obligé de demander des éclaircissements à la France.*

Votre Seigneurie peut voir par les observations ci-dessus du comte de Bismarck que, si quelque conseil opportun, quelque main amie n'intervient pas pour apaiser l'irritation qui existe entre les deux gouvernements, *la brèche au lieu*

d'être fermée par la solution de la difficulté espagnole, n
fera probablement que s'élargir.

Cet aveu ne laisse place à aucun doute : il prouve
de façon décisive, que la guerre était résolue dans l
volonté de M. de Bismarck dès le premier moment
Le gouvernement français, quelle que fût sa conduite
n'y pouvait échapper.

III

Sedan.

Nous croyons avoir établi, sur preuves irrécusables
que le gouvernement impérial n'avait pu se prépare:
suffisamment à la guerre, ni l'éviter. Ses projets de ré
organisation militaire avaient échoué contre l'impru
dente parcimonie du Corps législatif, et si, plus tard
il versa dans la guerre, ce ne fut qu'en cédant à l'irré
sistible entraînement de l'opinion. Quelques-uns de
nos contradicteurs ont objecté que le Corps législati
étant, en grande partie, son œuvre, il pouvait et devait le contraindre. L'événement a prouvé qu'ils se
trompent. Il est impossible d'être plus pressant que ne
le fut le maréchal Niel dans cette lutte de trois années
Il mettait dans la défense de ses projets une émotior

patriotique qui remuait toujours son auditoire, mais
ne le domptait pas. La résistance aux dépenses militaires était absolue : rien ne l'en eût fait démordre.
Mais le gouvernement pouvait, au moins, changer
d'Assemblée ? Sans doute ; seulement, l'Assemblée
nouvelle eût été pire. Veut-on connaître le courant
d'opinion qui dominait alors ? Qu'on lise ce passage
de la profession de foi que M. le duc d'Audiffret-
Pasquier adressait en 1869 aux électeurs de l'Orne :
« Si vous m'envoyez à la Chambre, je demanderai la
réduction des contingents, qui enlèvent chaque année
des bras à l'agriculture et des ouvriers à l'industrie. »
Les électeurs n'envoyèrent pas le candidat à la Chambre, et il doit à ce malheur d'avoir pu dénoncer avec
une éloquence indignée l'insuffisance de nos ressources
militaires. Mais s'ils l'avaient élu, il les aurait réduites ! Le fait que nous citons n'est pas un incident
isolé. C'était partout ainsi : toutes les professions de foi
portaient témoignage de cet aveuglement qui nous poussait aux abîmes. Et telle est la justice des partis que
l'empire a seul expié la faute de tous !

La guerre eut lieu : on sait quelles en furent les
navrantes péripéties. Il ne peut nous convenir de suivre pas à pas les opérations militaires, encore moins
de les juger : c'est un point étranger à l'étude que nous
nous sommes tracée. Les responsabilités militaires se
distinguent nettement des responsabilités politiques
qui, seules, sont en cause, et, de ce chef, nous pour-

rions réclamer encore un peu de justice en faveur du gouvernement impérial qu'on écrase à plaisir sous le poids de fautes et de malheurs dont il ne fut, après tout, que la première victime.

Quelle que fût l'infériorité numérique de nos forces, elle permettait la lutte, elle permettait l'espérance, et rien, dans notre situation militaire, ne faisait craindre ni prévoir l'effondrement subit et complet qui suivit de si près l'ouverture des hostilités. Il y a donc injustice et mauvaise foi tout ensemble à présenter les catastrophes de Metz et de Sedan comme la conséquence obligée de la déclaration de guerre. Ce sont des phénomènes d'un ordre spécial qui impliquent des responsabilités spéciales, et à ce point étrangères au gouvernement qu'aucun régime, quel qu'il fût, quoi qu'il fît, n'en saurait raisonnablement porter la peine. L'appréciation exacte de notre entrée en campagne consisterait à dire que notre situation militaire nous interdisait l'offensive avec ses éclatants triomphes, mais non les chances d'une résistance heureuse. C'est une erreur de jugement ou un déni de justice que d'apprécier la déclaration de guerre à la mesure des désastres anormaux et, par conséquent, imprévus, qui l'ont suivie : l'état de notre armée et de nos ressources, tout inférieur qu'il fût aux forces et aux ressources de l'ennemi, ne les comportait pas. Dans les conditions où elle s'ouvrait, la guerre pouvait être considérée comme une partie longue et pénible, marquée de souffrances, d'épreuves et même de revers; mais non désespérée. Sur ce sol que nous avions à défendre, il y avait chance, dans l'hypothèse d'une défensive bien conduite, que la France parvînt à fatiguer l'immense et court effort de l'Allemagne, et la pire issue qu'on puisse assigner à la lutte ainsi poursuivie, serait la conclusion d'une paix qui nous eût coûté quelque argent sans doute, mais devait laisser le sol de la patrie entier, et son honneur intact.

Il a fallu une série de fatalités véritablement inouïes pour imprimer aux événements le cours épouvantable qu'ils ont pris. Que le maréchal Bazaine revînt sur Paris, et tout était sauvé sans doute, il resta sous Metz, et tout fut perdu. A qui la faute? Le parti républicain récrimine amèrement aujourd'hui contre l'*homme de Metz,* comme il l'appelle. Il a ses raisons pour cela, et nous n'entreprenons pas de les réfuter. Mais il ne lui messiérait pas de se souvenir que l'ancien commandant de l'armée de Metz fut sa créature. C'est sur les réclamations expresses de l'opposition républicaine, parlant par la bouche de M. Jules Favre, que le gouvernement de Paris déposséda l'empereur de son commandement, et le remplaça par le maréchal Bazaine. Il va de soi que nous ne lui reprochons pas son choix. L'opposition croyait alors, comme l'armée elle-même, aux talents militaires du maréchal et ne pouvait prévoir les déceptions que sa foi lui ménageait. Nous voudrions seulement faire entendre aux républicains qu'ils n'ont pas été seuls à souffrir de cette confiance trompée, et que l'empire a quelques droits à partager leurs plaintes. La stratégie du maréchal fut désastreuse, mais elle fut personnelle et libre, et, en aucun cas, nous ne saurions admettre que les auteurs et panégyristes du 4 Septembre s'autorisent de cette erreur pour établir une solidarité que la justice récuse, et présentent leur attentat comme une expiation.

A ce moment de la campagne, l'empereur avait résigné tout rôle militaire, abdiqué même toute personnalité. Il n'était rien et ne prétendait à rien. Dépossédé du commandement de l'armée, il n'avait pu se résoudre à rentrer à Paris en souverain déchu ; il accompagnait passivement nos soldats, sans autre dessein que de partager jusqu'au bout leur fortune, et de garder au moins, contre les trahisons du sort, son honneur intact à l'ombre de leur drapeau. Il allait pensif, silencieux et brisé comme le spectre de sa grandeur tombée, supportant avec une sérénité morne la fatalité qui s'était appesantie sur lui. Il n'a jamais révélé les sombres visions qui faisaient cortége à son supplice ; mais jamais homme, à coup sûr, n'a traîné son infortune par des voies plus douloureuses que ce calvaire qui va de Metz à Sedan.

Ce mot de Sedan marque le dernier terme de cette tragique destinée, et c'est aussi le dernier mot des accusations que les partis élèvent contre le régime qui s'est écroulé là : c'est en lui que les acteurs du

4 Septembre et ceux qui l'exploitent ont concentré leurs griefs, leurs anathèmes et leurs malédictions. Les mots ont en France une redoutable puissance. Le sophisme les invente et leur prête une signification que dément l'examen raisonné des événements auxquels ils s'appliquent; la crédulité populaire les accueille, les répète et les répand, sans vérifier jamais l'exactitude des idées ou des faits qu'ils sont censés traduire : c'est ainsi que la légende a tué la vérité. Que signifie le nom de Sedan, dans l'acception vulgaire que lui donne la polémique des partis aujourd'hui? Une accumulation de hontes inexprimables, et à ce point inexprimables qu'il a fallu trouver un nom typique pour se dispenser de les expliquer. Qu'est-ce que Sedan, aux yeux de la critique historique? Un immense désastre, auquel la honte n'a point de part et, pour peu qu'on le juge avec les yeux du cœur, on ne voit même qu'un grand sacrifice là où la passion politique a placé cette grande honte.

Il y a deux faits d'ordre différent dans la journée de Sedan, bien que l'un ne soit que la conséquence de l'autre. La bataille, livrée dans des conditions d'infériorité navrante, s'est terminée par la défaite. Mais elle ne s'est pas terminée sans combat. Pendant huit heures, l'armée française a lutté dans la proportion d'un contre trois, et quinze mille des siens sont restés sur le champ de bataille. Si c'est là ce qu'on appelle la boue de Sedan, il est bon de rappeler à ceux qui la remuent qu'elle est faite de la cendre des villages incendiés et du sang des blessés et des morts. C'est de la boue, si l'on veut, mais elle ne salit pas.

Mais après? Après, l'armée brisée et débandée s'est retirée dans la ville, cherchant instinctivement un refuge derrière ses remparts, qui n'étaient plus qu'un piége. Trente à quarante mille hommes se pressaient dans cette étroite enceinte, pêle-mêle, effarés, confondus, sans chefs, sans ralliement et sans drapeau, véritable poussière humaine que le vent de la déroute avait chassée dans cette impasse, où la capitulation allait les saisir. Et tandis qu'ils s'engouffraient ainsi par milliers dans la ville, dont ils encombraient les rues, l'armée ennemie, resserrant ses anneaux, s'étendait autour de Sedan, et, du cercle de hauteurs qui l'entourent, envoyait dans ce *nid à bombes* le feu de sept cents pièces d'artillerie !

Nous supplions ceux qui crient à la honte de substituer, s'ils le peuvent, aux hallucinations de l'esprit de parti, la vue calme et froide de la réalité, d'interroger sincèrement leur conscience en face de ce tableau, puis de nous dire ce qu'il fallait faire, ce qu'ils auraient fait eux-mêmes en pareille situation. « Sortir! faire une trouée ! » se sont exclamés les Falstaffs de la défaite, et les malheureux n'ont pas craint de mêler leur charlatanisme à cette désolation! On entrait dans Sedan ; mais on n'en sortait pas. On ne sort pas comme on veut d'une ville forte, dont les étroites et rares issues sont encombrées d'arrivants nouveaux que pousse le même esprit de vertige, et, de plus, il n'y avait alors aucune puissance humaine capable de faire entendre un ordre à cette multitude désordonnée, de discipliner ce chaos d'hommes, de ramener au combat ces épaves de la bataille. Quant à la trouée, n'est-ce pas une sinistre ironie que de prétendre enfoncer les lignes ennemies avec une poignée d'hommes, quand l'armée entière n'avait pu les entamer? On l'a tentée, cette trouée (1). Le général Wimpffen s'est mis à la tête de trois mille hommes; il a fait deux cents pas sous une pluie de balles, et au bout de deux cents pas, sa petite troupe n'existait plus. Il n'y avait ni sortie, ni trouée : il fallait se rendre ou mourir.

Mourir alors? Qui l'eût conseillé? Qui oserait, même aujourd'hui, nous dire que ces quarante mille hommes devaient mourir? Ne mêlons point la rhétorique à ces drames : l'honneur ne s'accommode pas de toute mort. Un homme se sacrifie, mais non pas quarante mille hommes. Une armée n'accepte la mort qu'autant qu'elle peut la rendre. Il est toujours beau, souvent utile de mourir en combattant, un contre dix, un contre vingt, un contre cent; la vie n'est alors que l'enjeu sublime d'une lutte dont la patrie profite, quelle qu'en soit la fin. Mais il n'y a ni utilité ni

(1) Voir aux pièces justificatives, IV.

gloire à mourir au fond d'un trou, sous les coups d'un ennemi invisible auquel on ne peut répondre. Quiconque accepte ainsi la mort commet un sacrifice absurde autant qu'il est stérile, et qui le laisse s'accomplir, pouvant l'empêcher, se fait le complice d'un assassinat. Telle était la situation de l'armée dans Sedan. Elle obstruait les rues; chaque obus envoyé des hauteurs frappait en pleine chair et faisait plusieurs victimes. Le correspondant du *Times*, témoin de ce spectacle, écrivait que si le feu des batteries allemandes avait continué, nos troupes « eussent été réduites en une marmelade de chair humaine, dont l'horreur eût été sans exemple dans l'histoire. » Eh bien, c'est cette horreur que l'empereur voulut empêcher ; il fit, de son autorité privée, hisser le drapeau blanc; le feu cessa; et vingt, trente mille hommes peut-être furent sauvés du massacre. Il est mort sans connaître la réparation que lui devait la justice. Il y a cinq ans qu'on a fait de ce drapeau le symbole de sa honte. Il y a trois mois seulement qu'un président de cour d'assises a osé dire qu'il n'avait accompli qu'un acte de charité (1).

C'était un acte de charité, en effet, et c'était quelque chose de plus encore. L'empereur n'était pour rien dans le dénoûment sinistre de la campagne. Ce n'est pas lui qui avait conduit l'armée là; il n'avait fait que l'y suivre (2). C'est sans lui que la bataille

(1) Voir aux pièces justificatives, V.
(2) Voir aux pièces justificatives, VI.

avait été engagée, sans lui qu'elle avait été perdue.
De Châlons à Sedan, il n'avait donné ni un ordre, ni
un conseil, ni un avis ; son rôle avait été celui du plus
obscur de ses soldats. Souffrant cruellement déjà du
mal qui devait l'emporter, il s'était tenu pendant six
heures à cheval, sous le feu de l'ennemi, pour ensei-
gner le devoir, et sans doute aussi pour mourir. Rentré
dans Sedan, il ne tenait qu'à lui de laisser se consommer le massacre. Son abstention n'eût été que justice.
Qu'avait-il à craindre ? La mort ? Il l'avait cherchée,
quand elle était encore un honneur, au milieu de la
bataille ; après la défaite, il l'eût accueillie comme
une délivrance (1). Il savait qu'en hissant le drapeau
blanc, il assumerait, lui, spectateur et martyr passif
jusque-là, toutes les responsabilités, qu'il serait la
victime expiatoire de cet immense désastre, suivi de
cette immense humiliation ; il savait que l'opinion du
vulgaire ne verrait que lui ; que de la faute ou du malheur des autres on lui ferait une couronne d'infamie ;
il savait que lui, porteur du plus grand nom militaire
de notre histoire, il allait lui infliger l'affront d'une
capitulation sans exemple ; il savait enfin que son
trône pouvait sombrer dans cette légende infamante,
et Sedan devenir le pilori de sa race. Mais il savait
aussi que plusieurs milliers d'hommes allaient mourir, s'il ne les sauvait pas. Il préféra leur salut à son

(1) Voir aux pièces justificatives, VII.

intérêt égoïste, à l'orgueil dynastique, à l'honneur même de son nom; et le signe de salut qu'ils attendaient sous les obus fut hissé par sa main! La politique des partis insulte à cette faction; c'est son métier. Mais la justice, qui n'est d'aucun parti, s'incline respectueusement devant elle, comme devant l'un des plus rares sacrifices que l'homme ait pu faire à l'humanité!

IV

Le Bilan du 4 Septembre.

La première parole qu'adressa le roi Guillaume à Napoléon III fut pour lui demander s'il voulait traiter de la paix. L'empereur se récusa : sa qualité de prisonnier lui avait retiré tous pouvoirs; il n'appartenait qu'au gouvernement de l'impératrice-régente d'entamer des négociations à cet effet. Mais le lendemain l'empire n'était plus : la république avait pris sa place.

La paix était-elle possible après Sedan? Quelques-uns de nos contradicteurs affirment que la France ne l'eût pas acceptée, même si le gouvernement impérial avait pu la faire à des conditions avantageuses, et ils s'autorisent de cette affirmation gratuite pour absoudre le 4 Septembre de tous les désastres qui ont suivi son usurpation. Ce raisonnement est d'une logique plus bizarre que solide : il ne résiste pas à l'examen. Nous voulons bien admettre que la France eût refusé la paix sous le coup de l'humiliation de Sedan; elle avait le droit de penser que son honneur exigeait un plus long effort, et c'était une raison suffisante pour que la guerre continuât. Mais on voudra bien nous accorder, en revanche, que la France n'a pas été consultée, et c'est précisément ce refus systématique de consultation nationale qui fait la responsabilité du 4 Septembre. La France était seule maîtresse de sa fortune, comme elle était seule juge de son honneur; elle pouvait à son gré, faire la paix ou la guerre, et, quel qu'eût été son choix, nous n'aurions pas à le lui reprocher. Mais nous n'admettons pas qu'on confonde la France avec ceux qui avaient mis la main sur elle. Elle était la souveraineté du droit : le gouvernement du 4 Septembre ne fut que la souveraineté de l'usurpation.

Fût-il vrai, d'ailleurs, que la France, dans l'irritation de son orgueil, eût voulu continuer la lutte, il y a toutes sortes de raisons de croire qu'elle l'eût autrement conduite, c'est-à-dire remis le gouvernement et la guerre en des mains plus expertes et capables de la mener à une autre fin. Mais le gouvernement du 4 Septembre fit la guerre pour la république, de même qu'il avait pris le pouvoir pour lui seul. Non-seulement il ne consulta pas la nation; mais il brisa tous les pouvoirs élus au moyen desquels elle eût pu se faire entendre encore ; pendant cinq mois il régna seul et fit d'elle ce que lui dictait son effrénée fantaisie. Il nous semble que les conséquences d'une pareille conduite s'accusent avec une invincible évidence. Le 4 Septembre est seul responsable, puisqu'il fut le seul acteur. Si la république nous avait rendu la victoire, expulsé l'ennemi, promené l'invasion française sur un tiers de l'Allemagne, et signé une paix qui nous eût donné la rive gauche du Rhin et une indemnité de cinq milliards, la république aurait tout l'honneur de son triomphe et ne le partagerait pas. Souffrez donc qu'elle porte, sans partage aussi, la responsabilité du résultat contraire, puisque c'est à la perte de l'Alsace-Lorraine et de cinq milliards qu'elle nous a conduits.

Prétendre, comme on le fait dans le parti républicain, que la continuation de la guerre n'est qu'un legs de l'empire, et que les catastrophes finales reviennent de droit au régime qui l'avait commencée, c'est pécher contre la logique et contre la vérité. Les responsabilités de l'empire s'arrêtent au jour même de sa chute, et c'est à ce moment aussi que commencent les responsabilités du régime qui lui succéda. Pour établir ces responsabilités respectives, nous n'entendons pas nous en référer à la chronologie, ce qui ne serait qu'un jeu d'esprit : nous invoquons une série d'actes et de révélations diplomatiques qui établissent, d'une part, à quelles conditions le gouvernement impérial eût traité, et, d'autre part, donnent fort exactement la mesure de l'aggravation de peine que le 4 Septembre nous a fait subir. Il y a cela d'édifiant dans son histoire que la progression des désastres est proportionnelle à sa durée.

Dès nos premiers revers, le gouvernement impérial avait fait appel à l'amicale intervention des puissances, et ses ouvertures avaient reçu une unanime adhésion. L'Autriche et l'Italie, déjà liées envers nous par des promesses d'intervention armée dont les foudroyants succès de l'offensive allemande avaient fait lettre morte, étaient également disposées à seconder de tout l'effort de leur diplomatie la conclusion d'une paix qui laisserait notre territoire entier et ne s'en prendrait qu'à notre argent. L'Angleterre avait témoigné des mêmes dispositions. La Russie, peu sympathique aux débuts de la guerre, se rapprochait progressivement de nous à mesure qu'augmentait notre détresse. Les progrès inespérés des armes allemandes l'inquiétaient autant que l'avaient effrayée, avant l'ouverture des hostilités, les menaces d'une victoire française. Notre cause était, d'ailleurs, efficacement servie par l'ambassadeur de France à Saint-Pétersbourg, M. le général Fleury, dont l'esprit d'une distinction sévère, unie à la plus rare finesse, avait conquis un prompt et puissant crédit sur l'esprit du czar. Chaque jour, l'ambassadeur avait de longues entrevues avec le souverain, et ses efforts avaient porté de tels fruits que, dans les derniers jours du mois d'août, il pouvait annoncer à Paris une promesse formelle d'intervention de la Russie au moment de la paix.

Dans l'étude qu'il vient de publier sur la guerre franco-allemande, étude fort remarquable, quoique beaucoup moins impartiale qu'elle ne le voudrait paraître, M. Albert Sorel mentionne cette dépêche capitale, sans la citer exactement. La dépêche officielle porte que, dans la paix à intervenir, l'empereur « saurait parler haut pour faire respecter le maintien de la dynastie et l'intégrité du territoire. » Ce n'était pas une vaine promesse. La Russie avait un intérêt égal à sauver la dynastie des atteintes de la révolution, — car il y a solidarité des couronnes, — et à préserver l'unité française contre les empiétements de l'Allemagne. Si loin que les succès de la Prusse pussent aller, ils ne l'auraient jamais conduite jusqu'au point de dédaigner les représentations des puissances unies pour maintenir l'intégrité du territoire. Ainsi, grâce à l'intervention promise par les gouvernements, l'empire avait l'assurance qu'il pourrait conclure la paix au prix d'une indemnité pécuniaire qui restait à fixer, mais sans aliéner une motte de terre française.

Le 4 Septembre eut pour premier effet de renverser ces conditions. Devant l'émeute victorieuse, ils retirèrent spontanément leurs promesses de concours ; car il n'est pas de monarchie européenne qui pût accepter la moindre solidarité avec la révolution, en intervenant pour elle. La république, brusquement installée sur les ruines de l'empire, nous laissa seuls. On le vit bien lorsque M. Thiers entreprit son voyage à travers les cours. Comme particulier, il reçut partout l'accueil que méritait sa renommée; comme diplomate du 4 Septembre, il fut partout éconduit.

Cependant, le nouveau gouvernement ne pouvait raisonnablement continuer la guerre sans s'informer au moins des prétentions de l'ennemi. Une entrevue eut lieu le 20 septembre, à Ferrières, entre M. de Bismarck et M. Jules Favre. Que fut-il dit dans cet entretien? On ne l'apprit exactement que cinq mois plus tard. M. Jules Favre, apparemment grisé par la révolution victorieuse, dont il était le plus brillant ministre, n'en rapporta qu'un pompeux mensonge, sous forme de proclamation au peuple français. Cinq mois après, lorsqu'il fut dégrisé par la défaite, il confessa ce que M. de Bismarck lui avait proposé dans l'entrevue de Ferrières. M. de Valon recueillit cet incroyable aveu, fait innocemment devant quarante députés réunis dans un bureau de l'Assemblée à Bordeaux, et cet aveu, que nous avons publié déjà, nous le reproduisons encore: car la France ne saura jamais trop de quel prix elle a payé le 4 Septembre et ses œuvres:

Je ne vous cacherai pas, Messieurs, qu'à Ferrières il m'eût été possible d'engager des négociations pour la paix, à des conditions moins cruelles que celles que nous pouvons craindre aujourd'hui. A Ferrières, en effet, M. de Bismarck m'avait parlé d'une paix possible au prix de la cession de Strasbourg et de sa banlieue, et je ne sais si ma conscience ne me reprochera pas de n'avoir pas saisi l'occasion qui m'était offerte ; mais je n'eus pas le courage de désespérer de la victoire pour mon pays, et, si nous avons une consolation dans nos malheurs, c'est que du moins la France est libre d'elle-même et n'a point de maîtres.

Ainsi, de l'aveu même de M. Jules Favre, la République pouvait, le 20 septembre, conclure la paix au prix de la cession de Strasbourg et de sa banlieue, et le gouvernement de la Défense nationale mentait si bien à son nom que, ces conditions offertes par M. de Bismarck lui-même, il les avait cachées au pays !

Six semaines plus tard, Strasbourg et Metz avaient capitulé. Des conditions nouvelles furent offertes ; mais elles s'étaient aggravées avec les événements. A ce moment, la Prusse exigeait l'Alsace et deux milliards. Le 2 novembre, M. Thiers eut au pont de Sèvres une entrevue avec M. Jules Favre. Il insista pour que la paix se fît aux conditions proposées : l'enquête parlementaire nous a conservé ses paroles :

Je ne crois pas, dit-il, que la situation du pays et des armées soit telle que la continuation de la lutte puisse amener un bon résultat. Aujourd'hui, la paix vous coûtera l'Alsace et deux milliards ; plus tard, indépendamment des maux et des souffrances de la guerre, la paix vous coûtera *l'Alsace, la Lorraine et cinq milliards. (Enquête parlementaire.)*

M. le général Ducrot, témoin de l'entrevue, a confirmé, dans sa déposition, le témoignage de M. Thiers.

Mais, pas plus le 2 novembre que le 20 septembre, le gouvernement de la Défense nationale n'était disposé à conclure la paix, ou, du moins, à consulter la nation sur les conditions offertes. Il fallait qu'il épuisât jusqu'au bout cette orgie de pouvoir qu'une révolution lui avait mis aux mains, dût la défaite nous coûter deux fois plus cher, dût-il nous conduire aux conditions dernières, fixées trois mois d'avance par M. de Bismarck, à travers une série d'épreuves sans nombre et de désastres sans nom.

A partir du 2 novembre, on ne voit pas que des propositions nouvelles aient été faites par le gouvernement allemand.

On se rappelle seulement que, vers le 5 décembre, à la suite de l'effort malheureux tenté sur la Marne, et après les défaites subies autour d'Orléans, une communication fut faite au gouvernement de Paris, pour l'inviter à conclure la paix ; mais aucun acte public n'a fixé alors le prix que l'Allemagne entendait y mettre. L'invitation fut, d'ailleurs, repoussée sans débat. Alors, M. de Bismarck attendit patiemment l'échéance, et il devait réclamer le prix de l'attente avec cette implacable rigueur dont les usuriers juifs avaient jusque-là conservé le monopole. Il y avait cela de particulièrement horrible dans notre situation que, chaque jour qui s'écoulait, sous l'administration du 4 Septembre, augmentait d'une bande de territoire le démembrement que nous devions fatalement subir, et de plusieurs millions la rançon que nous devions payer. La guerre, aux mains du gouvernement qui l'avait accaparée, ne se poursuivait plus en fait pour la délivrance, quelque conviction qu'il y mît; mais pour l'accroissement de notre détresse et l'accumulation de nos ruines. C'était comme une dette dont l'intérêt grossit en vieillissant.

Grâce aux actes officiels que nous avons cités, on peut récapituler par chapitres le prix dont le 4 Septembre nous a fait payer sa tutelle.

Par le seul fait de la révolution, il écartait le concours des gouvernements étrangers, et, conséquemment, les conditions d'une paix possible avec le maintien de l'intégrité territoriale.

Du 4 au 20 septembre, il perdait Strasbourg et sa banlieue.

Du 20 septembre au 2 novembre, il perdait l'Alsace.

Du 2 novembre au 28 janvier, date où le pouvoir lui fut arraché des mains, il perdit la Lorraine et trois milliards!

Nous supplions les défenseurs du 4 Septembre de considérer que ce n'est pas nous qui dressons ce bilan, il a été dressé par le gouvernement de la Défense nationale lui-même; nous n'avons fait, quant à nous, qu'enregistrer ses actes, ses documents et ses aveux.

V

La justice de l'Assemblée.

On connaît nos désastres et leurs causes. Où est la sanction ? Il y a cinq ans, la France était entière, riche, puissante, florissante, honorée, la plus belle et la plus enviée des nations. Six mois plus tard, elle n'était plus qu'une ruine ! Le deuil s'était étendu sur elle, avec toutes les misères et toutes les horreurs de l'invasion ; la fleur de sa jeunesse était ou morte ou prisonnière, son orgueil abattu, sa grandeur perdue : sa richesse et deux de ses plus chères provinces étaient passées aux mains de l'étranger. *Quomodo cecidit potens ?* Hélas ! nous ne le savons que trop. Il n'est pas une page de cette lugubre histoire que nous ayons oubliée ; mais nous avons oublié d'en demander compte à ceux qui l'ont écrite. Lorsqu'un navire se perd, pour quelque cause que ce soit, l'officier qui le commandait passe en jugement. Fût-il avéré que sa conduite, au moment du naufrage, a été habile autant qu'héroïque, il n'importe : le principe veut qu'il soit jugé. Mais qu'un parti politique fasse main basse sur la France et la conduise, à travers les plus effroyables aventures, à la ruine et au démenbrement, on le laissera faire, et quand il aura terminé son épouvantable besogne,

on ne songera même pas à lui demander des comptes :
on ne le jugera pas !

Il ne tenait qu'à l'Assemblée de prévenir cette omission scandaleuse. Nommée en haine du 4 Septembre et de son œuvre, choisie pour, réparer les ruines qu'il avait laissées sur son passage, elle devait, dès le premier jour, mettre en accusation le ministère impérial qui avait déclaré la guerre et le gouvernement révolutionnaire qui l'avait continuée. Nous n'aurions plus aujourd'hui à débattre ces irritantes questions de responsabilités que les partis se jettent réciproquement à la face ; la justice serait sauve, et la morale, à défaut de la France, serait au moins vengée. L'Assemblée n'a point compris ainsi les obligations qui ressortaient de son mandat. Mais un jour, sous le coup d'une réplique de l'honorable M. Conti, elle s'est emportée, et là, séance tenante, sans réflexions et sans débat, elle a voté un ordre du jour qui déclarait « l'empire responsable de l'invasion, de la ruine et du démembrement de la France ». Nous ne savons ce que pense aujourd'hui l'Assemblée de ce jugement précipité. Il ne semble pas qu'elle le tienne, au fond, pour l'expression définitive de sa justice, puisque, après avoir absous le gouvernement du 4 Septembre, elle a nommé une commission d'enquête pour le connaître. L'enquête est depuis longtemps achevée ; elle dort dans les archives parlementaires sous forme d'*in-folios* formidables, et ces dossiers contiennent l'acte d'accusation le plus terrible que la représentation d'un pays puisse dresser contre un parti. Mais la politique veille et veillera jusqu'au bout sur ses protégés : l'enquête condamne le 4 Septembre, on ne la discutera pas!

Quelle justice! et quel enseignement! Si l'empire fut coupable, il a lui, du moins, expié sa faute. Il est déchu, il est proscrit, et, non contents de le proscrire, les partis qui lui succèdent s'emploient depuis bientôt cinq ans à rendre son retour impossible, s'il prenait au pays envie de le rappeler. L'empire est-il donc la seule victime expiatoire que la justice parlementaire dût offrir aux représailles de la nation? Quelque large que soit la part qu'on lui attribue dans notre malheur, est-il seul à mériter la peine? Deux pouvoirs — à ne considérer que les événements — ont présidé à nos désastres; un seul est frappé. Pourquoi? D'où vient cette inégalité de traitement? Si ce fut un crime de déclarer la guerre, de quel nom faut-il appeler l'acte de ceux qui l'ont continuée? Si ce fut une impardonnable folie, comme on dit à gauche, d'aller au combat avec nos forces intactes, quelle folie n'est-ce pas d'avoir recommencé la campagne alors que nous n'avions plus d'armée? Si tout était perdu le jour même de la chute de l'empire, à quel titre et dans quel but ont-ils accumulé sur nous tant de nouveaux désastres? Et si rien n'était perdu, comment l'empire serait-il responsable de ce qu'ils ont entrepris?

Il était le gouvernement légal, régulier, consacré, à

son origine, et ratifié, quatre mois avant sa chute, par plus de sept millions de suffrages. Qu'étaient les gouvernants du 4 Septembre? Les créatures de l'émeute, autant dire les fils de leur œuvre : car ils n'avaient renversé l'empire que pour se substituer à lui. Qu'ils voulussent sauver la France, on n'en saurait douter. Mais ils la voulaient sauver pour eux, et sans elle ; ils surbordonnaient le salut de leur pays au triomphe de leur doctrine ou de leur égoïsme. La France par eux défendue et sauvée, c'était la république non-seulement instituée, mais encore triomphante dans l'opinion, et cette république assurait, par surcroît, leur propre règne jusqu'au dernier moment.

Ce calcul eût été criminel, même chez des gens de génie ; de leur part, c'était une monstruosité. Et cependant cela fut, et, dès ce moment tout fut sacrifié à la république, les chances de la guerre comme les chances de la paix, l'intégrité territoriale, la richesse publique, le sang de la jeunesse fançaise, le droit, l'honneur et le salut. M. Jules Favre nous a raconté cette prise de possession du pouvoir avec le cynisme inconscient qui paraît être sa marque de fabrique. Du Corps législatif envahi par leur soins, ils ne firent qu'un saut à l'Hôtel de ville. Et quelle merveilleuse simplicité de méthode ! « Nous tombâmes de suite d'accord, raconte M. Jules Favre, pour composer le gouvernement des députés de Paris, et de ceux qui y avaient été élus. C'était un moyen de couper court aux compétitions. » En effet, ils étaient là une douzaine qui prirent la peine d'écrire leurs noms sur un bout de papier, et le gouvernement fut! Oui, ce chiffon de papier, maculé de douze noms, fit un gouvernement, et pendant cinq mois la France n'en a pas connu d'autre!...

C'est là que commence le crime, et le crime est incommensurable. Cet escamotage d'un peuple est, à coup sûr, le forfait le plus étrange que l'histoire ait encore enregistré. Qui les avait priés de prendre le pouvoir? Personne. De qui tenaient-ils mandat de former un gouvernement? D'eux seuls. Quelles vertus particulières apportaient-ils dans leur mission volontaire? Aucune! Ils n'avaient ni qualité, ni talent, ni crédit; ils ne savaient pas le premier mot des choses qu'ils allaient entreprendre, et se savaient eux-mêmes aussi étrangers à l'administration qu'ils allaient bouleverser qu'à la guerre qu'ils prétendaient conduire. Et voilà les hommes qui, pendant cinq mois, ont confisqué la France au profit de leur seule ambition. Pendant cinq mois, ils ont régné sur elle, à l'exclusion des lois; ils ont fait de ses ressources, de son sang et de ses hommes l'aliment de leur délirante fantaisie; ils ont brisé, eux qui n'étaient rien, les pouvoirs publics émanés du suffrage de tous; ils ont exigé de la France tous les sacrifices, et elle les a tous consentis; ils ont livré les départements à des préfets étranges dont l'administration reste une légende; livré l'intendance à des fournisseurs qui se sont cyniquement enrichis du dénûment de nos soldats ; livré l'armée à des stratégistes civils qui ont semé de cadavres les boues de Conlie, les plaines de la Beauce et les neiges du Jura ; et après cinq mois de ce régime, que la France a subi sans mot dire, ils l'ont laissée pantelante et brisée aux pieds de l'étranger !

C'était assez d'erreurs et de désastres, il nous semble, pour qu'on prît la peine d'en demander compte à leurs auteurs. La France réclamait cette justice, comme en témoignent les élections du 8 février ; et ses mandataires la lui ont refusée ! Les hommes de Septembre règnent aujourd'hui sur eux comme ils avaient régné sur elle ; ils sont libres, satisfaits, florissants, et tels sont les miracles de la politique, que certains conservateurs, choisis alors par le pays comme justiciers, ne semblent s'employer aujourd'hui qu'à gagner la confiance de ceux qu'ils devaient juger, et à restaurer leur règne !

Ils ne se doutent pas que cette impunité triomphante est le plus affligeant spectacle que l'histoire d'un peuple ait jamais offert, une école de scandale, de provocation cynique aux aventures et aux coups de main. Que ne peuvent oser désormais les factions contre les lois, si le 4 Septembre ne mérite pas qu'on s'en occupe ? On a fait, pendant dix-huit ans, retentir aux oreilles de l'empire le nom du 2 Décembre, comme la voix accusatrice de la loi violée et du droit opprimé.

Qu'était-ce donc que le 2 Décembre quand on le compare à cette usurpation? Au 2 Décembre, le prince-président tenait régulièrement le pouvoir; il était l'élu direct de la nation, et contenait en sa seule personne plus de suffrages que l'Assemblée réunie. La France était sa complice et le provoquait par toutes les voix de l'opinion à la violence qu'il allait commettre; quatre-vingt-trois conseils généraux avaient émis des vœux favorables à son dessein, et, le coup d'État accompli, la France tout entière fut appelée à le juger.

Eh bien, malgré tant de circonstances atténuantes, le 2 Décembre n'en reste pas moins un acte contre lequel continue de protester la conscience humaine, quoi que le pays ait fait pour le provoquer et l'absoudre. Mais il n'est pas de circonstance au monde qui puisse atténuer la révolution du 4 Septembre: c'est le crime de lèse-patrie dans toute son abominable horreur, procédant d'une ambition de parti, et n'aboutissant qu'à la ruine et au malheur de tous. Et voilà ce qu'on s'abstient de punir, ce qu'on dedaigne même de juger!

Prenez garde aux conséquences! La violence appelle la violence; les révolutions provoquent les coups de main; et quand on a par devant soi de tels exemples, il n'y a pas de raison pour que les partis qui désespèrent du succès légal s'abstiennent de recourir aux succès de la force. Quoi que tentent les factions désormais, elles ne commetteront jamais rien de pareil au 4 Septembre, rien, par conséquent, qui ne doive être pardonné. Il n'est point de violence dans le passé, émeute ou coup d'État, qui ne se trouve amnistiée par cette triomphante impunité ; point de violence dans l'avenir qu'elle ne conseille et qu'elle ne justifie. Le 4 Septembre absous, c'est un blanc-seing donné ou promis à tout et à tous. Ne venez plus nous parler des principes de la politique, de la majesté des lois, de la religion du droit, et solliciter notre indignation contre les coups de main de la rue et les coups d'État du pouvoir. Il n'y a pas de droit, il n'y a pas de lois, il n'y a pas de principes, il n'y a pas de sanction : il n'y a qu'une arène incessamment ouverte aux entreprises de la force, et celui-là seul qui réussit est digne de régner. La politique n'est qu'un grand chemin où l'on détrousse à main armée ceux qui détiennent le pouvoir. L'avenir est aux aventures, et la loi qui gouverne le monde, c'est le succès ; il n'y a de réprobation que pour les vaincus !

Voilà ce qu'enseigne le 4 Septembre, et telle est aussi la morale de son impunité. Ne serait-il pas étrange, après cela, que les partis s'abstinssent de pratiques qui font la part si belle à leurs ambitions? La France est à qui veut la prendre? A merveille : mais qu'elle soit prise au moins par qui mérite de la garder.

FIN.

NOTES ET PIÈCES JUSTIFICATIVES

I

On nous a fait, à ce propos, des observations fort inté-
ressantes et qui méritent d'être rapportées. Des com-
munications que nous avons reçues et des témoignages
historiques qu'on nous a cités, il résulte qu'il entre
une certaine part d'inexactitude dans notre affirmation.
Il n'est pas exact de dire que l'Empereur Napoléon III
ait voulu l'unité allemande et qu'il en ait poursuivi
la réalisation d'un dessein ferme et prémédité. L'unité
était, depuis plus de cinquante ans, le vœu de toute l'Allemagne; l'effort en remontait au soulèvement national
de 1813, et depuis cette époque le mouvement uni-
taire n'avait fait que gagner en intensité. Parmi les
différentes manifestations auxquelles il avait donné
lieu, il faut citer la démarche de la Diète offrant, en
1848, la couronne impériale au roi de Prusse, qui l'a-
vait alors refusée. Mais l'unification n'était pas moins
une éventualité inévitable, que la politique pouvait re-
tarder sans doute, mais qu'elle n'eût jamais empê-
chée.

L'empereur avait prit son parti de cette fatalité, et

plutôt que d'y mettre obstacle, il y avait accédé. Mais il serait injuste d'en conclure qu'il se résignait également à l'avénement d'un empire d'Allemagne, c'est-à-dire à l'hégémonie prussienne s'étendant à l'Allemagne entière et régnant souverainement sur elle. Bien au contraire, il avait dessein d'opposer l'Autriche à la Prusse et de corriger l'effet de l'unité nationale par l'antagonisme des deux puissances. Ce dessein ne reposait d'ailleurs que sur l'illusion qu'on se faisait constamment en France de la supériorité militaire de l'Autriche ; il ne lui survécut pas : les foudroyants succès de la Prusse le mirent en néant, et c'est grâce au cours imprévu des événements que la réserve du gouvernement impérial prit soudainement les proportions et les apparences d'une faute.

II

Le *Moniteur* du 12 décembre 1866 annonçait que la commission chargée d'élaborer un projet de réforme militaire avait achevé son œuvre ; la note du *Moniteur* caractérisait ainsi le projet présenté :

Ce projet donne à la France 1,200,000 hommes exercés et n'augmente que faiblement les charges du budget. Il discipline la nation entière, en l'organisant bien plus dans une pensée de défense que dans une pensée d'agression. Il relève l'esprit militaire, sans nuire aux vocations libérales. Il consacre enfin ce grand principe d'égalité que tous doivent le service au pays en temps de guerre, et n'abandonne plus à une seule partie du peuple le devoir sacré de défendre la patrie.

A ce projet, quatre fois modifié par suite des résistances que l'opposition avait provoquées, la gauche oppose un amendement portant suppression absolue de l'armée permanente, et la remplaçant par des gardes nationnax astreints à faire l'exercice le premier et le troisième dimanche de chaque mois, et à passer tous les *six ans trente jours* dans un camp de manœuvres. Voici en quels termes l'opposition le défend :

M. Jules Simon. — Je suis convaincu qu'en prenant le système que nous vous proposons, on arriverait à avoir de meilleurs tireurs et des hommes *plus aguerris* que vous n'en aurez avec votre dur système de cinq ans de service actif. Il manque pourtant quelque chose à notre armée ainsi conçue : c'est l'esprit militaire. C'est, en effet, une armée de citoyens, non de soldats... Le militarisme est la plaie de l'époque... Il n'y a pas d'armée sans esprit militaire, me dit-on. Alors, nous voulons une armée qui n'en soit pas une.

M. Jules Favre. — Pourquoi tous ces préparatifs, si nous devons rester en paix ?... Soyez-en sûrs, nos véritables alliés, ce sont les idées, c'est la justice, c'est la sagesse... La nation la plus puissante est celle qui peut désarmer. Donc, au lieu d'augmenter nos forces, rapprochons-nous sans cesse du désarmement.

M. Garnier-Pagès. — Il n'y a qu'une bonne organisation militaire : la levée en masse. Lorsque nous avons fait la levée en masse, nous avons vaincu la Prusse, et nous sommes allés à Berlin... La vraie puissance, croyez-le, c'est l'influence morale.

M. de Janzé. — Il faut désarmer. C'est la France qui menace la Prusse. Qu'on nous ramène aux contingents de 60,000 hommes. Si la guerre éclate « *deux ou trois mois avant l'ouverture des hostilités* » vous demanderez des soldats à la Chambre, et alors on vous en donnera des millions, s'il en faut.

M. Bethmont demande qu'on maintienne la garde mobile dans ses foyers, ou du moins qu'on ne l'en éloigne pas pendant plus de vingt-quatre heures.

M. Picard trouve que l'ancienne garde nationale était bien préférable et d'un secours plus efficace. Dans la nouvelle loi on s'est placé exclusivement au point de vue militaire, non au point de vue civil.

M. Thiers. — On vous présentait l'autre jour des chiffres de 1,200, de 1,300, de 1,500,000, comme étant ceux que les différentes puissances peuvent mettre sous les armes... Eh bien, ces chiffres-là sont parfaitement chimériques. La Prusse, selon M. le ministre d'État, nous présenterait 1,300,000 hommes. Mais, je le demande, où a-t-on vu ces forces formidables? La Prusse, combien d'hommes a-t-elle portés en Bohême ? 300,000 environ. C'est que, messieurs, il ne faut pas se fier à cette fantasmagorie de chiffres ; ce sont là des fables qui n'ont jamais eu aucune espèce de réalité.

M. Malézieux. — Cette loi est exorbitante. Le bon sens public l'a jugée. C'est la loi des 45 centimes de l'impôt militaire.

M. Jules Simon. — J'espère qu'on nous rendra la justice de dire que toutes les fois qu'il a été question d'organiser ce qu'on appelle la paix armée, on nous a trouvés en travers de toutes les mesures proposées pour arriver à un but contraire à tous nos désirs, à toutes nos aspirations, à tous nos principes. (*Approbation autour de l'orateur.*)

M. Rouher. — M. Thiers traite de fantasmagorie nos calculs. Ils sont pourtant exacts. La Prusse, en certain cas, pourra disposer de 1,300,000 hommes. Et je prétends que c'est faire un fonds sérieux dans le courage éprouvé de nos soldats que de penser qu'avec une force de 750 à 800,000 hommes, la France pourra résister à une telle puissance militaire. On ne doit pas oublier quelle distance il y a de l'effectif nominal à l'effectif disponible. Ainsi, en 1859, ayant 635,000 hommes sur le papier, nous n'avons pu en envoyer en Italie que 229,000. A Solférino, il n'y en avait que 107,000.

M. le maréchal Niel. — On vous demande d'armer la nation sans l'organiser... On vous parle de levée en masse ; mais la levée en masse est un monstrueux préjugé. En 92, le pays a été sauvé, *malgré les levées en masse*, qui ne servirent que l'ennemi, en jetant l'indiscipline dans l'armée et l'effroi dans la population. Appeler de gros contingents en cas de guerre est une autre illusion. Avec la rapidité qu'ont acquise les opérations militaires, avant que les contingents ne fussent prêts à entrer en campagne, la guerre serait déjà finie.

En 1867, la gauche demande la réduction de l'effectif au chiffre de 340,000 hommes. M. Garnier-Pagès s'en explique en ces termes : « Je viens faire appel aux députés de tous les pays. Pesez sur vos gouvernements, refusez des subsides; les peuples que vous représentez ne veulent pas se battre. »

En 1868, M. Picard proteste en ces termes contre l'appel du contingent :

On vous dit qu'il nous faut 800,000 hommes. Depuis quand, messieurs, parle-t-on en France ce langage? Depuis quand vient-on dire dans une Assemblée française, non-seulement que nous avons des précautions d'une nécessité absolue à prendre pour la défense de nos frontières, *ce qui est peut-être prévoir le danger de bien loin*, mais en même temps que pour conserver à notre pays son autonomie, il nous faut une force de 800,000 hommes?...

En 1869, M. Garnier-Pagès proteste contre le budget de la guerre :

Ah ! si vous vouliez employer la force morale ! Quelle puissance vous auriez si vous vouliez avoir confiance dans le peuple et dans la liberté ! Le budget de la guerre vous mène à la banqueroute ! C'est la plaie, c'est le chancre qui nous dévore. Oui, messieurs, et si je pouvais trouver un mot plus fort, je l'emploierais, parce que je veux frappper les esprits. Si vous croyez à la paix, contentez-vous de vos cadres, mais réduisez le nombre de vos hommes.

M. Jules Favre. — Qu'est-ce que je lis dans les documents officiels? Il faut que la France soit armée comme ses voisins? J'avoue que ma conscience proteste contre de semblables propositions... Tout cela, permettez-moi de le dire, c'est de l'ancienne politique, c'est de la politique de haine ; ce n'est pas de la politique d'expansion et d'abandon !

La commission du budget demande une augmentation de congés. Le maréchal Niel refuse :

M. le maréchal Niel. — Ce qu'on me demande est

impossible. Je vous ai expliqué tout à l'heure que pour équilibrer mon budget, il me fallait déjà envoyer en congé 80 ou 90,000 hommes. Eh bien, messieurs, en renvoyer 7,500 de plus dans les mêmes conditions, c'est impossible. Vous avez un ministre de la guerre qui fait tous ses efforts, et vous ne lui facilitez pas sa tâche en le mettant en présence d'impossibilités budgétaires... Eh bien ! je vous déclare que je ne saurais pas remplir mon devoir si, à chaque instant, je montais à cette tribune pour vous dire que ce que vous me donnez est insuffisant, et si j'exposais ainsi le pays à douter de ses forces militaires au milieu de la situation actuelle de l'Europe (Mouvement prolongé). Messieurs, je n'ai pas la prétention d'être l'homme nécessaire ; mais quand j'ai embrassé la mission de réorganiser l'armée, cette mission, que l'empereur m'a donnée, et pour laquelle il veut bien me continuer sa confiance, comment pouvez-vous vouloir que l'on me refuse à chaque instant les choses que je regarde comme nécessaires ?

M. Magnin. — Alors il n'y a plus de Chambre, ni de contrôle. Il n'y a plus que l'empereur et le ministre de la guerre.

Le maréchal Niel. — On me force à donner des chiffres... Nous avons moins d'artillerie que toutes les autres puissances de l'Europe. Nous avons deux piècess par 1,000 hommes ; partout ailleurs on compte trois pièce par 1,000 hommes. Il y a des inconvénients à entrer dans tous ces détails, je ne me le dissimule pas, et je répugne à dévoiler ainsi notre situation ; mais je remplirai mon devoir jusqu'au bout. Eh bien ! il serait souverainement imprudent de descendre au-dessous d'une artillerie nécessaire pour servir 240,000 hommes. Non, je vous en supplie, messieurs, laissez-moi mes chevaux d'attelage, et surtout ne me forcez pas d'avouer en public notre insuffisance. Les autres cabinets suivent attentivement ces débats. *C'est là que se déclare la guerre...* Les choses publiques de l'armée ne peuvent être conduites de cette façon.

M. Jules Favre. — C'est une erreur de croire qu'une nation n'est aujourd'hui véritablement forte qu'à la condition de se cuirasser et de se bastionner... Ayez donc confiance dans le patriotisme des populations. C'est là le meilleur des remparts. Lorsque des hommes de guerre viennent vous dire que vos économies tendent à affaiblir l'armée, ils sacrifient tout à un point de vue spécial, et ils oublient trop par quelle force supérieure la France serait défendue si jamais elle était au moment du danger.

On demande où en est l'organisation de la garde mobile.

Le maréchal Niel. — Vous avez vu au budget que l'organisation de la garde mobile coûtera 14 millions. *Vous ne m'avez donné que cinq millions ; je ne puis donc pas l'organiser en totalité.* J'espère qu'avec ces cinq millions, auxquels je pourrai faire quelques additions si je parviens à réaliser quelques économies sur d'autres points, j'arriverai à cette organisation dans les trois premiers corps d'armée. La garde mobile se complétera au fur et à mesure que le budget le permettra.

M. de Tillancourt. — Vous avez voulu, messieurs, que la garde mobile ne fût pas une succursale de l'armée, et c'est pour cela que vous n'avez pas permis que les jeunes gens qui la composent pussent être enlevés à leur domicile pendant plusieurs jours, *ainsi que le gouvernement l'avait demandé.*

Ainsi, conclut M. Giraudeau (1) dans l'ouvrage auquel nous empruntons ces édifiantes et navrantes citations, le gouvernement demande une armée assez forte sur le pied de paix pour pouvoir passer rapidement sur le pied de guerre. Malgré ses avertissements et ses prières, on le force à renvoyer 110,000 hommes en congé.

Il demande que la garde mobile soit constituée et organisée. On lui refuse et le crédit nécessaire à l'organisation et le droit de déplacer les jeunes gens pendant plusieurs jours.

Il demande des fusils nouveaux pour armer l'armée nouvelle et constituer une réserve : on ne lui en donne pas assez.

Il demande 13 millions pour fondre de nouveaux canons. On lui en accorde deux et demi.

Il demanda 110 millions pour des travaux de fortifications reconnues indispensables : on lui en accorde 36.

Quel résultat?

Pour n'avoir pas voulu déranger les gardes mobiles les arracher à leurs travaux, on les aura sacrifiés par milliers. Pour avoir voulu opérer de mesquines réduc-

(1) *La Vérité sur la campagne de* 1870. Amyot. — Ce livre, qui parut dès le lendemain de la guerre, reste à nos yeux, sous sa forme modeste, l'œuvre de critique historique la plus solide et la plus juste qu'on ait encore publiée sur ces événements. Nul ne peut parler sciemment et impartialement de la guerre et de ses causes s'il ne connaît ce petit livre, ou du moins s'il ne possède les documents qu'il contient.

tions, on aura condamné le pays à dépenser des millions. Cent mille francs enlevés par la commission du budget en 1869, 4 millions, 8 millions donnés sans contrôle à tel organisateur des camps sous le gouvernement de la Défense nationale : quel rapprochement !

III

L'opinion publique et la guerre.

AVANT LA DÉCLARATION DE M. DE GRAMONT.

Le Temps. — De toutes les conditions imaginaires, ce serait la plus désagréable et la plus gênante pour le gouvernement français, et la plus réellement inquiétante pour la situation européenne de la France. Si un prince prussien était placé sur le trône d'Espagne, ce n'est pas jusqu'à Henri IV, c'est jusqu'à François Ier que nous nous trouverions ramenés en arrière. Qu'était-ce, en effet, que l'empire de Charles-Quint, si ce n'est l'Espagne, l'Italie et l'Allemagne enlaçant la France et l'isolant ? Et qui ne sent que l'avénement d'un prince prussien équivaudrait à cet état de choses, avec cette différence plutôt désavantageuse, que le principal poids de la puissance rivale se trouverait au Nord, du côté où notre frontière est le plus exposée, au lieu de se trouver au Midi.

Le Siècle. — La France, enlacée sur toutes les frontières par la Prusse ou par les nations soumises à son influence, se trouverait réduite à un isolement pareil à celui qui motiva jadis les longues luttes de notre ancienne monarchie contre la maison d'Autriche ; la situation serait, à beaucoup d'égards, plus grave qu'au lendemain des traités de 1815.

Le Rappel. — Les Hohenzollern en sont venus à ce point d'audace qu'ils osent méditer le monstrueux projet de domination universelle qu'ont vainement rêvé Charles-Quint, Louis XIV et Napoléon. Il ne leur suffit plus d'avoir conquis l'Allemagne : ils aspirent à dominer l'Europe ! Ce sera pour notre époque une éternelle humiliation que ce projet ait été, nous ne dirons pas entrepris, mais seulement conçu.

F. V. Hugo.

Le Soir. — Quoi ! on permettrait à la Prusse d'installer un proconsul sur notre frontière d'Espagne ! Mais nous sommes trente-huit millions de prisonniers, si la nouvelle n'est pas fausse ! Il faut absolument qu'elle soit fausse. Elle le sera si l'on veut. *Mais le gouvernement français est-il encore capable de vouloir ?* — E. About.

Le Gaulois. — S'il a plu à l'empire autoritaire d'accepter Sadowa et de se consoler de l'affaire du Luxembourg, la France rendue en partie à elle-même ne saurait supporter qu'on la brave et qu'on la provoque impunément... Nous espérons que le gouvernement français ne pourrait, sans trahison vis-à-vis de la France, supporter un jour de plus les agissements prussiens. On pourrait pardonner à un cabinet d'avoir manqué à ses promesses, ravivé nos colères, *on ne lui pardonnerait pas de n'avoir pas su être français.*

H. Pessard.

Le Réveil. — Parions que le Hohenzollern est un beau matin installé en Espagne, sans plus de tambours ni de

trompettes que son cousin n'en a employé pour prendr
possession de la Roumanie !

Deux bien jolis succès : ça et le Saint-Gothard !...

Mais vous êtes investis, mes braves gens !

La Prusse à Forbach, la Prusse derrière le Rhin, à Kehl
la Prusse derrière les Alpes, la Prusse derrière les Pyrénées

Ceux qui aiment la Prusse peuvent se régaler. On en a mi
partout.

Les éclats de rire rouleront à droite et à gauche, au nord
au midi, à la frontière luxembourgeoise, derrière Wissem
bourg, sur le Rhin, sur les Alpes, sur les Pyrénées, par
tout !...

Si c'est cela la revanche de Sadowa, eh bien ! elle es
complète ! — SIEBECKER.

APRÈS LA DÉCLARATION DE M. DE GRAMONT.

Nous laissons de côté les journaux ministériels e
impérialistes, tels que le *Constitutionnel*, la *Patrie*, l
France, le *Pepule français*, le *Moniteur*, le *Pays*, l
Public, etc., dont l'approbation paraîtrait suspecte
Nous ne citerons que des journaux d'opposition.

L'Univers. — Cette déclaration était hier, dans les cercle
et les lieux publics, l'objet de toutes les conversations. L
ferme langage du gouvernement était unanimement approuv
et même applaudi. Les agents prussiens pourront donc fair

savoir à S. M. le roi Guillaume, à M. de Bismarck, que nos ministres ont été incontestablement, dans cette circonstance, les organes *contenus* de l'opinion générale.

L'Opinion nationale. — En restant sur ce terrain, le gouvernement peut tenir, comme il l'a tenu en effet, un langage haut et ferme. Il aura toute la France derrière lui. M. de Bismarck passe toutes les bornes ; s'il veut conserver la paix, qu'il recule ! Quant à nous, nous ne le pouvons plus.

Le Gaulois. — Pour la première fois depuis le 23 février, le ministère a parlé aujourd'hui le seul langage digne d'un cabinet français, digne du pays qui l'écoutait. *Si nous avions supporté ce dern:er affront, il n'y avait plus une femme au monde qui eût accepté le bras d'un Français.* — H. Pessard.

Le Figaro. — En admettant que la Prusse dégage à la fois son intérêt et sa responsabilité dans la candidature du prince de Hohenzollern, *la France est en droit d'exiger plus ;* se voyant berné, trompé, joué par la Prusse, le gouvernement français *doit exiger des garanties.*

Le Journal de Paris. — Le cabinet des Tuileries avait des raisons de se montrer susceptible que le cabinet de Berlin ne saurait invoquer : si M. de Gramont n'avait pas parlé, on aurait pu croire, à la fin, que toute la politique de la France était dans la résignation ou dans l'effacement.

Le Correspondant. — Nous sommes de ceux qui applaudissent à la ferme attitude adoptée par le gouvernement. Depuis trop longtemps notre complaisance était au service des agrandissements d'autrui. Nous sommes soulagés de nous sentir enfin redevenus Français. Toutes les âmes patriotiques ont salué comme la Chambre la déclaration du pouvoir, en y retrouvant avec joie le vieil accent de la fierté nationale. On conçoit le bouillonnement en face de certains outrages, et si l'on réfléchit que les sentiments dont l'explosion vient de retentir étaient comprimés depuis quatre années dans toutes les poitrines, *on ne s'étonnera pas que le gouvernement lui-même ait cédé à l'entraînement universel.*

LÉON LAVEDAN.

La Presse. — Nous sommes convaincus que la Prusse cédera. La victoire morale sera donc complète. Si nous étions capables de plus de vanité que d'orgueil, le triomphe nous serait facile; notre diplomatie humiliée par nos agents serait relevée par notre politique. Nous aurions interrompu cette période d'abaissement dans laquelle nous étions entrés en 1866, et le résultat apparent dépasserait l'espoir que nous avions conçu.

La Liberté. — Les hésitations de la Prusse prouvent qu'elle ne cédera pas devant la peur. Qu'attendons-nous donc? Prenons un parti énergique, c'est le seul qui convienne à la France. Finissons-en !

Et M. de Girardin ajoute :

A coups de crosses dans le dos, nous les contraindrons de passer le Rhin et de vider la rive gauche.

APRÈS LE DÉSISTEMENT DU PRINCE
ANTOINE DE HOHENZOLLERN.

Le ministère annonce le désistement du père du prétendant, *le père Antoine*, comme on disait alors, et M. Robert Mitchell, qui recevait les confidences et les inspirations les plus intimes de M. Émile Ollivier, écrit dans le *Constitutionnel* :

Le prince de Hohenzollern ne régnera pas en Espagne.

Nous n'en demandions pas davantage, et c'est avec orgueil que nous accueillons cette solution pacifique.

Une grande victoire qui ne coûte pas une larme, pas une goutte de sang.

Voici comment les journaux d'opposition accueillent cette satisfaction :

La Presse. — Cette victoire dont parle le *Constitutionnel*, serait pour nous la pire des humiliations et le dernier des périls... Nous n'avons plus le choix qu'entre l'audace et la honte... Au lieu de sommer la Prusse de comparaître sur un champ de bataille, ou d'abdiquer ses ambitions, nous nous condamnerions à attendre son heure !...

C'est parce que certaines paroles échappées à M. le garde des sceaux ont pu nous faire redouter des satisfactions dérisoires, que l'émotion d'hier a été si universelle et si poignante.

L'Opinion nationale. — Ce drame, qui commence comme une tragédie et qui finit comme une opérette, ne satisfait personne. L'opinion demeure triste, désappointée, inquiète.

L'Union. — Le *Constitutionnel* dit qu'il accueille avec orgueil cette solution pacifique. Voilà un orgueil qui ne sera pas contagieux. Notre pays a senti qu'il existe de l'autre côté du Rhin quelque chose qu'il faut abattre, et l'on se disait dans un premier succès de fièvre héroïque : Faisons aujourd'hui ce qu'il faudra faire un jour ou l'autre pour ne pas encourir une déchéance immédiate. Voilà pourquoi la satisfaction que nous donne le prince Antoine ne répond pas à la grandeur des griefs ni à l'excitation des âmes. — POUJOULAT.

Le Gaulois. — Paris a donné hier, la France donnera demain le spectacle d'une grande nation plongée dans la stupeur. Les cœurs se sont serrés.

L'Univers. — La renonciation du prince de Hohenzollern aura pour effet de ridiculiser nos réclamations. Ne faudrait-il pas parler net et dire tout haut que nous devons tout au moins exiger la stricte observation du traité de Prague et que nous l'exigeons ?
On ne peut nier que l'opinion ne soit presque unanime à réclamer une action énergique, une guerre avec la Prusse serait populaire... L'opinion publique serait déçue si l'affaire venait à s'arranger par la diplomatie.

Le Figaro. — Le ministère comprendrait mal le caractère français s'il se contentait, comme on le dit ce soir, de satisfactions banales, évasives et sans certitude d'avenir.

Paris-Journal. — Qui diable se serait douté que nous

aboutirions à ce joli résultat? Quoi! tant de rodomontades pour sortir par le trou de la serrure !

Évidemment la candidature espagnole était une occasion excellente de rappeler à la Prusse qu'il existe une France frémissante depuis Sadowa. Si l'on voulait arriver à un résultat pratique, il fallait agrandir la question et la faire prussienne en même temps qu'espagnole. Vous nous jetez un candidat de votre famille dans les jambes, nous profitons de l'incident pour vous demander un règlement de compte.

Le National. — C'est une *paix sinistre* que celle dont on nous parle... Espère-t-on que la joie que le pays va éprouver par suite de la prudence montrée par le père Antoine n'en demandera pas davantage, et passera facilement sur les termes de la réponse, qui porte probablement des traces de la griffe de M. de Bismarck?

Le Monde. — Les solutions perdues ne se retrouvent pas. Voilà pourquoi nous sommes en droit de demander au gouvernement de ne pas cette fois se contenter de promesses, mais d'*exiger des gages.*

La Gazette de France. — On croyait à une guerre *prompte*, *énergique et réparatrice.* Mais il faut rendre cette justice à M. de Bismarck. Il a jugé du premier coup nos hommes d'État à l'œuvre... Il sait ce qu'on peut attendre d'eux en dépit des apparences.

C'est très-fort. — Janicot.

Le Siècle. — La France repousse toute solidarité avec les hommes qui peuvent à ce point la compromettre. La paix pouvait être honorable; ils feront si bien qu'elle sera ridicule et éphémère. — L. Jourdan.

APRÈS LA DÉCLARATION DE GUERRE.

La Liberté. — La France est debout, la France qui vient de renaître à la liberté et ne saurait mieux célébrer ce réveil admirable qu'en entreprenant, résolue, généreuse, désintéressée, pour tous ceux qu'opprime ou menace l'ambition du vieux Guillaume, la guerre de l'indépendance. — H. VRIGNAULT.

La Presse. — Les cris de guerre qui retentissaient hier sur nos boulevards vont maintenant remplir la France. Les résolutions de guerre *n'émanent pas du gouvernement. Le gouvernement était irrésolu; il voulait, dans quelques-uns de ses chefs au moins, se laisser arrêter par des concessions dérisoires. Les résolutions sortent des entrailles du pays.*

Le Soir. — M. Michelet et M. Louis Blanc maudissent la guerre à tour de rôle dans un journal semé de petits tambours et intitulé le *Rappel. Que signifient ces tambours, si la guerre la mieux fondée, la plus légitime, la plus indispensable à la sécurité nationale est un crime?* Remplacez-les par des guitares, et dites franchement que vous battez le rappel de la guerre civile... — E. ABOUT.

Le Monde. — Cette guerre est la plus juste, la plus nécessaire, la plus opportune... Le gouvernement de l'empereur *a cédé noblement à l'âme de la France.*

L'Univers. — Cette guerre n'est ni l'œuvre d'un parti, ni une aventure imposée par le souverain. La nation s'y donne tout entière et de plein cœur.

Le Figaro. — Ce n'est pas seulement Paris qui a acclamé la guerre ; nos quatre-vingt-neuf départements sont aussi soulevés que la capitale contre la Prusse. Lisez les journaux de toute couleur, même les plus écarlates. La vérité a une telle évidence, une telle force, que tout le monde reconnaît *cet élan incroyable et inouï de la nation.*

Le Journal des Débats. — Quel que soit le prétexte choisi pour la guerre, c'est la Prusse qui l'a amenée par la conduite qu'elle a tenue envers la France après la paix de Prague. — John Lemoinne.

Revue des Deux-Mondes. — La Prusse est et doit rester la provocatrice évidente, par la manière même dont elle a engagé l'incident qui a provoqué l'explosion... La Prusse s'est trompée ; elle n'avait pas prévu cette explosion soudaine et irrésistible de la France.

Terminons cette édifiante revue par un document qui ne manque pas de saveur : c'est la proclamation d'un futur membre du gouvernement de la Défense nationale à l'armée de mer :

Officiers, etc...

Insatiable dans son ambition comme sans scrupules dans ses moyens de succès, la Prusse avait osé concevoir et préparer dans l'ombre des projets dont l'accomplissement porterait une irréparable atteinte à l'honneur, aux intérêts et à la grandeur de notre pays. La France tout entière a ressenti l'injure. Heureux et glorieux jour que celui où nous tirerons le premier coup de canon contre l'ennemi aux cris de :

VIVE LA FRANCE ! VIVE L'EMPEREUR !

Le vice-amiral commandant en chef l'escadre d'évolution,

FOURRICHON.

Et maintenant, enseignez que l'empire a déclaré la guerre malgré l'opinion et dans un intérêt dynastique!

IV

DÉPOSITION DU GÉNÉRAL LEBRUN.

Vers quatre heures environ, je vis venir le général de Wimpffen, qui me dit : « — Est-ce qu'avec ces 2,000 hommes, vous ne pourriez pas faire quelque chose?

« — Oui, répondis-je, nous pouvons nous faire tuer; mais, quant à obtenir un résultat utile, certainement non. Marchons, cependant. »

Je poussai le cri : En avant! qui fut répété par toutes les troupes, et nous nous portâmes très-rapidement en avant. Nous marchâmes ainsi deux cents, trois cents pas. Il est bien difficile de préciser d'une manière tout à fait exacte. Dame! les balles arrivaient plutôt encore que les obus; cependant, les obus ne manquaient pas complétement. Au bout de trois cents pas, ou environ, le général de Wimpffen me dit : « Je vois qu'il n'y a rien à faire! » En effet, nous n'avions déjà plus personne derrière nous; les balles avaient rendu les hommes prudents; ils s'étaient accotés contre des maisons. Le général de Wimpffen répéta : « Il n'y a plus rien à faire : je le crois. Eh bien, on va ordonner la retraite sur Sedan. » Je vous dis, afin d'être bien certain de ce que vous demandiez, car c'était là le deuxième ordre que je recevais, je vous dis : « Il est bien certain que vous m'ordonnez de faire cesser la lutte? — Oui. »

Et je répondis : « Je vais rentrer dans Sedan le plus lentement que je pourrai, et quand je croirai qu'il n'y a plus personne dehors, je rentrerai moi-même le dernier. »

Alors, il était cinq heures et demie ou six heures; et je trouvai de braves soldats qui voulurent bien, sur mes ordres, prendre place partout où c'était possible, et faire feu sur les tirailleurs ennemis qui n'étaient plus qu'à quarante ou cinquante pas. Je fis baisser le pont-levis pour faire entrer tout le monde, je rentrai le dernier, je fis relever le pont-levis, et voilà la fin de la bataille.

(Procès Wimpffen-Cassagnac.)

V

Il est certain, en droit, que l'empereur n'avait pas le droit d'arborer le drapeau ; en fait, il n'est pas moins certain, et ce sont d'illustres généraux qui nous l'ont dit : ce drapeau n'a eu aucune espèce de conséquence sur les opérations militaires. Alors que reste-t-il ? Il reste une question d'humanité. Je ne dis peut-être pas assez : il reste une œuvre de charité. C'est peut-être le vrai mot, et, devant ce sentiment-là, à quelque parti que nous appartenions, nous devons tous nous incliner !

Paroles de M. le président Douët-d'Arc.
(Procès Wimpffen-Cassagnac.)

VI

« Je dois donc dire ici, car il faut rendre justice à tous que, dans le cours des opérations, jamais l'Empereur n' s'est opposé aux mouvements par moi ordonnés, et que ce opérations ont toujours été commandées par moi, et non pa lui.

« A Reims, au Chêne-Populeux, l'Empereur était d'avi de reporter l'armée sur Paris : c'est moi seul qui ait prescri le mouvement dans la direction de Metz.

« Je déclare hautement et de toutes mes forces que la capi tulation de Sedan, on peut l'appeler désastreuse, mais no honteuse.

« Par le fait, ce n'est pas une capitulation préméditée, c'es une armée qui a livré bataille dans de mauvaises conditions

qui a été acculée par des forces supérieures à une rivière, à
une place dont il lui était impossible de déboucher. »

(Tome Ier de l'Enquête, page 29, déposi
tion du Maréchal de Mac-Mahon.)

VII

Voici ce que le général Pajol raconte de la conduite
de l'Empereur pendant la bataille :

« C'est à cinq heures du matin qu'eut lieu la pre-
« mière attaque, du côté de Bazeille.

« Sous le feu de l'ennemi, l'Empereur arriva au
« milieu de cette belle division d'infanterie de marine,
« commandée par le général de Vassoigne ; le combat
« était vif, car la garde royale prussienne et un corps
« bavarois s'acharnaient à l'attaque du village. Après
« être demeuré une demi-heure au milieu de cette
« troupe, l'Empereur, voyant que les obus et les
« balles arrivaient de tous les côtés à la fois, ordonna
« au groupe d'officiers qui l'accompagnait de rester
« auprès d'un bataillon de chasseurs à pied, qui,
« abrité derrière un mur, attendait le moment d'en-
« trer en ligne.

« L'Empereur, délivré de son escorte, et voulant
« voir par lui-même les positions, s'avança encore
« plus avant, accompagné seulement de son aide de

« camp, qui était moi, de l'officier d'ordonnance, ca-
« pitaine d'Hendecourt, qui fut tué, du premier écuyer,
« Davilliers, et du docteur Corvisart. Puis Sa Majesté
« se dirigea sur un point culminant où étaient les
« batteries du commandant Saint-Aulaire, et y de-
« meura pendant près d'une heure au milieu d'une
« grêle de projectiles ennemis. »

D'autre part, un officier supérieur blessé à Sedan, ennemi
de l'Empereur, et, par conséquent, peu suspect de complaisance, a écrit ce qui suit, dans une page reproduite par le
Journal de Genève :

« Je n'aime guère l'empereur ; mais j'aime encore
moins la calomnie... Comme homme il s'est bien mon-
tré, et s'il n'a pas été tué, ce n'est pas l'envie qui lui
en a manqué, sa sottise a été de se faire pincer dans
Sedan. Une fois là, la terrible capitulation était inévitable. On était serré comme des harengs ; une épingle
ne serait pas tombée à terre, et les obus et les boulets
tombaient là dedans comme la grêle. Jugez de l'horreur ! Résister était impossible, le simple bon sens
était la capitulation. On crie maintenant, mais alors
tout le monde la voulait ; et ceux qui n'ont pas voulu
la signer étaient ravis d'en profiter.

« Nos chefs ont été des maladroits ; nos soldats des
fous et des indisciplinés ; mais personne n'a été lâche ;
je le dis très-haut pour l'honneur de la France. Vous
savez nos opinions ; mais on ne sert pas une bonne

cause en mentant. Sedan est une faute, un grand malheur; mais une honte, jamais. Dites-le partout et à tous. »

Journal de Genève.

M. Jeannerod, correspondant du *Temps*, et qui fut depuis préfet du 4 septembre, écrivait le lendemain de la bataille :

« L'empereur a voulu mourir : le fait est maintenant avéré. La mort a passé près de lui comme près de Ney sur le plateau de Mont-Saint-Jean, quand les boulets qu'il appelait s'obstinaient à l'épargner. »

Puis il raconte le fait suivant :

« En passant auprès de notre café, un obus avait éclaté à deux pas de son cheval; pas un muscle de ce masque étrange n'avait bougé, et quelques acclamations aussitôt réprimées par un geste de sa main l'avaient encore accueilli. »

A ces témoignages, nous pourrions ajouter les récits publiés par le *Times*, le *Standard*, le *Staatzanzeiger* et la plupart des journaux étrangers, qui sont unanimes à reconnaître le courage de l'empereur, dans cette funeste journée, s'il était besoin de plus longues preuves pour faire justice des calomnies républicaines.

Paris. — Imprimerie de D. Jouaust, rue Saint-Honoré, 338.

9 782013 273770